Et liv i harmoni

En tale holdt af
Sri Mata Amritanandamayi

ved
Millenium-topmødet for fred i verden
for religiøse og spirituelle ledere

afholdt af FNs generalforsamling
29. august 2000.

Mata Amritanandamayi Center, San Ramon
Californien, Forenede Stater

Et liv i harmoni, en tale holdt af
Sri Mata Amritanandamayi

Udgivet af:
Mata Amritanandamayi Center
P.O. Box 613, San Ramon, CA 94583
Forenede Stater

———— *Living in Harmony (Danish)* ————

Første udgave af Mata Amritanandamayi Center:
april 2016

Danmark:
www.amma-danmark.dk
info@amma-danmark.dk

India:
inform@amritapuri.org
www.amritapuri.org

Indholdsfortegnelse

Forord

Det var et meget usædvanligt møde – tre dage i glæde og fornyet optimisme med udveksling af visdom og erfaring – da religiøse ledere fra mere end 150 lande var forsamlede i generalforsamlingssalen i De Forenede Nationer, New York.

I en tid, hvor forestillingen om global fred ikke synes at være ret meget mere end en smuk drøm, bragte dette møde mellem verdens religiøse og spirituelle ledere et glimt af håb om fred blandt fredselskende mennesker overalt.

Deltagernes hjerte var fulde af optimisme og kærlighed, og dette skabte blandt medlemmerne af verdens-familien en atmosfære der varslede genforening. På topmødets første dag blev programmet indvarslet af blæsen i konkylier, af Taiko-tromning og af en dybt bevægende bøn, hvilket skabte en stemning af levende og pulserende spiritualitet, som FNs Generalforsamling aldrig før havde oplevet.

Sprogene var forskellige, men de dybe følelser var de samme hos alle.

Da Amma gik på talerstolen den første dag, bød Bawa Jain, topmødets hoved-koordinator, hende velkommen med følgende ord: "Højst velkomne Moder, vil Du velsigne os med Dine bønner?" Amma har sagt: "Bøn betyder ydmyghed. Fred er en oplevelse som fylder alle aspekter af vores liv, når vi bøjer os i ydmyghed for hele skabelsen."

Og så fremsagde Amma to velkendte bønner på sanskrit.

Det er nemt at bruge ord, men for at det skal lykkes at formidle meningen af hvad der bliver sagt, på en klar måde, så det sagte trænger ned i dybere lag af bevidstheden, det skal der en højt realiseret sjæl som Amma til. Hendes bøn skabte en meget særlig atmosfære. Hendes stemme strømmede igennem generalforsamlings-salen i FN som en mild og kølig brise, og den vakte søde, vederkvægende følelser af kærlighed og fred.

Et fuldt hus lyttede næste dag til Ammas tale. Med de Forenede Nationers emblem som baggrund, stod Amma, hele verdens medfølende moder, på talerstolen og talte på et enkelt og dog så klart malayalam, sit land Keralas sprog.

Man lo meget da Amma fortalte historien om de tre spirituelle ledere der besluttede at holde et møde, og adskillige gange rejste de delegerede sig op og applauderede. Særlig applaus fik hendes omtale af oprustning: "Det giver ikke fred i verden blot at sende atomvåbnene på museum. Først skal vi afskaffe sindets atomvåben."

Ammas tale var enestående på mange måder. Talen lyste af klar og ren spiritualitet. Den højeste fred, kærlighed og harmoni fik stemme fra selve de egenskaber hun legemliggør, og det gav hendes tale en særlig vægt og mening.

Da Amma blev interviewet af BBC, PBS og andre nyhedsmedier under topmødet, fremhævede hun behovet for et forum af religiøse ledere, hvor de kunne diskutere, formulere og iværksætte løsninger for de eksisterende konflikter i samfundet. Hun sagde: "Løsningerne findes allerede i de religiøse tekster, i form af spirituelle visioner og indsigter. Vore forfædre, de store helgener og vise, som nåede kulminationen af den menneskelige eksistens, har givet os masser af råd om hvordan vi skal føre et fredeligt og harmonisk liv. Det egentlige problem er om vi er villige til at omsætte dem til praksis."

Alle holdt vejret da en journalist spurgte Amma, hvad hun ville være, hvis hun skulle herske over verden. Amma sagde: "Jeg ville være fejer." Journalisten så spørgende på hende, og Amma lo og sagde: "Jeg ville feje alles sind rent!"

For at opløse det mørke som indhyller den menneskelige sjæl, og tage os ud i lyset fra Guds nåde og skønhed, ser Amma, som elsker alt det skabte, sig selv som en ydmyg fejer af menneskesindet, og ikke som den spirituelle leder på verdensplan hun er.

Det overgår mine evner at beskrive Amma og den visdom hun indgiver os. Opfyldt af ærefrygt, som jeg altid er, kan jeg ikke andet end bøje mig i total forundring over for det ufattelige fænomen som vi kender som Amma.

Swami Amritaswarupananda

Introduktion

De Forenede Nationers første generalse-
kretær Dag Hammerskjöld sagde engang: "Vi
har prøvet at skabe fred på denne jord, men
vi har lidt et skammeligt nederlag. Medmindre
der kommer en spirituel renæssance, vil denne
verden ikke komme til at opleve fred." Og
nu, ved begyndelsen til det ny årtusind, invi-
terede de Forenede Nationer for første gang i
deres femoghalvtredsårige historie religiøse og
spirituelle ledere fra forskellige trosretninger
fra hver eneste område i verden til at samles
for at skabe et forbund sammen med de For-
enede Nationer. Målet for topmødet var at
finde måder hvorpå verdensomspændende
religiøse og spirituelle fællesskaber, som FNs
tvær-religiøse forbundsfæller, kunne arbejde
sammen med FN om initiativer omkring især
freds-, fattigdoms-, og miljø-spørgsmål. Top-
mødet blev afholdt fra 28.- 31. august 2000,
i forsamlingssalen i hhv. FNs hovedkontor og
Hotel Waldorf Astoria.

28. august blev erklæret for "Dagen for
bøn for verdensfreden." Topmødets general-

sekretær Bawa Jain udsendte en erklæring:
"Vi beder mennesker over hele verden om
at de - på et hvilket som helst tidspunkt af
dagen, i deres kirker, virksomheder, på gader,
eller i deres hjem - vil forsamles i bøn om fred,
ligesom de religiøse ledere samles i bøn for fred
i FN-bygningen."

Over to tusind repræsentanter for verdens
spirituelle og religiøse traditioner deltog i
denne konference. Tredive af disse holdt taler
om topmødets centrale temaer. Officielt var
Amma en af stemmerne for hinduismen, men
hendes budskab var universelt.

Den første dag var afsat til at forsamle de-
legerede og honoratiores så de kunne fokusere
deres opmærksomhed på emnerne og påkalde
det Guddommeliges nærvær og velsignelse
under processen. Efter at de delegerede havde
sat sig i mødesalen, kom Amma og de andre,
der skulle holde tale, gående ind i stilhed,
som i en gående meditation. Så satte de sig,
og stilheden blev pludselig brudt af dundren
fra Taiko-trommerne. På en eller anden måde
virkede denne kontrast mellem stilhed og
kraftfulde lyde som et billede på denne kon-

ference, hvor mennesker af forskellige og ofte skarpt kontrasterende overbevisninger, erfaringer og baggrund var forsamlede for - gennem deres fælles engagement i freden - af denne forskellighed at hjælpe et nyt og harmonisk verdenssamfund til verden. Amma tog fat på lige præcis det emne den næste dag i sin tale, da hun sagde:

"Selve ordene "nation" og "religion" har en tendens til at implicere forskellighed og adskilthed. Hver nation og tro har sit eget særpræg, sine egne ideologier og interesser. Det kan forekomme os at en sådan forskellighed gør det vanskeligt at skabe fred, lykke og velstand i verden. Men i virkeligheden er det denne forskellighed som skaber rigdom og skønhed i verden og i menneskelivet – lige som en buket af et udvalg af forskellige blomster er smukkere end en buket af ens blomster."

Det samme tema – enhed i forskelligheden – blev anslået af Bawa Jain i hans velkomsttale til konferencedeltagerne. "I vores tid sammen skal vi undersøge hvordan vore religiøse og politiske institutioner kan arbejde sammen for at sikre mere fred, genskabe et rent miljø og gøre en ende på fattigdommens fortvivlelse."

Religiøse og politiske institutioner er ikke altid på så god talefod. Denne konference opfordrer begge parter til at samarbejde, og til i deres fælles engagement at stole på at menneskeheden gør fremskridt."

Efter Taiko-tromningen og andre åbningsceremonier bød Bawa Jain de forsamlede delegerede velkommen og opfordrede de højtagtede ledere af verdens religiøse og spirituelle traditioner til at bede en bøn. Han tiltalte Amma både med en søns uhøjtidelighed og med den yderste respekt: "Moder, vil Du give os Din velsignelse med Dine bønner?"

I den spirituelle litteratur er Amma nævnt som "Sri Sri Mata Amritanandamayi Devi, hinduistisk spirituel leder." Men selv ved denne betydningsfulde lejlighed kunne hendes tætte forhold til verden ikke skjules. På verdens vegne bad topmødets generalsekretær, ligesom vi et barn af det Guddommelige, Amma: "Mor, vil Du velsigne os?"

Denne fortrolighed, som ledsager Amma hvor hun end kommer – det være sig i en simpel hytte i en landsby i Kerala, i den indiske premierministers hjem eller i de Forenede

Nationers lokaler - er fremkaldt af Ammas egen måde at føre sig på, hendes afvæbnende enkelhed, hendes yndefulde ydmyghed og umiskendelige kærlighed til alle.

Amma fremsagde to bønner for verden, kendt af hinduer overalt, to bønner der fremsiges dagligt i alle hendes ashramer, to bønner der sammenfatter topmødets formål. Først oversatte Swami Amritaswarupananda dem til engelsk, og dernæst reciterede Amma dem på sanskrit.

Før os fra usandhed til sandhed,
fra mørke til lys, fra døden til udødelighed.

Må alle skabninger i alle
verdener blive lykkelige.

Om shanti, shanti, shanti

Fred, fred, fred.

De af os som var sammen med Amma ved fødselen af det ny årtusind ved midnat den 31. december 1999 i templet i Amritapuri, husker hvorledes hun anførte hele det spirituelle fællesskab i ashramen i at recitere den sidstnævn-

te bøn i næsten en halv time. Og hvordan hun
på slaget tolv gik i samadhi. Den nytårsaften
reciterede hun bønnen i sin nærmeste kreds
i ashramen, men denne gang gentog hun den
samme bøn i overværelsen af verdens religiøse
og spirituelle ledere i FNs mødesal.

Konferencens anden dag indeholdt øje-
blikke af bøn og musik, men var hovedsagelig
en dag med taler.

FNs generalsekretær, Kofi Anand, holdt
åbningstalen, og senere talte formanden for
konferencens internationale rådgivnings-ud-
valg, Dr. Maurice Strong, om "Religion,
fred og FN." Derefter holdt Dr. Ted Turner,
æresformanden for topmødet og viceformand
for Time Warner Inc, åbningstalen omkring
mødets centrale tema.

Mr. Turners uformelle måde at tale på
holdt tilhørerne fangen, da han på et enkelt,
ligefremt sprog fortalte om de begivenheder
som havde hjulpet ham til udvikle sit eget syn
på spirituel rummelighed. Det fremgik klart af
tilhørernes reaktioner på hans tale at den fik
mange tilhørere til at nikke genkendende, og
at hans fundamentale holdning til støtte af

den religiøse dialog og tolerance vakte enighed blandt tilhørerne.

Det var under behandlingen af "Religionens rolle i transformeringen af konflikter," at Amma holdt sin tale. For første gang i historien genlød FNs store mødesal af malayalam, Keralas sprog. De der brugte høretelefoner kunne følge talen, for Moders ord blev simultan-tolket til engelsk, fransk, kinesisk og adskillige andre sprog. Da Amma afsluttede sin tale, genlød den store mødesal af et rungende bifald.

For dem det ikke var beskåret at være i den store mødesal den store dag, udgives denne bog, så de selv kan læse hvad Mata Amritanandamayi formidlede til de delegerede på Topmødet – og til verden.

Da Amma vendte tilbage til Indien et par dage senere, blev hun modtaget af en stor menneskemængde og mange pressefolk i Cochin lufthavn.

På vejen fra lufthavnen til Amritapuri blev Amma budt velkommen tilbage af tusinder af mennesker, så hendes bil sneglede sig frem tomme for tomme langs vejen, der var sort af mennesker der ville ønske hende tillykke. I de

lokale landsbyer og langs kystvejen til ashra-
men ærede hver husstand, uanset kaste eller
religion, Amma på den traditionelle måde –
ved at tænde olielamper foran deres huse, og
ved at brænde røgelse og kamfer. Mange lagde
blomsterkranse om Ammas hals og lod blom-
sterblade regne ned over hende. Spruttende
kinesere og hurraråb forkyndte hvor langt hun
var nået. Det tog Amma fire timer at komme
de sidste syv kilometer, idet hun tog sig tid
til at uddele prasad[1] til alle hun kørte forbi.
Mængdens begejstring og glæde genspejlede
den stolthed de følte ved at en Mahatma[2]
som var en af deres egne, havde introduceret
verden til deres strålende ældgamle kultur.

---

[1] et velsignet bolsche (overs.)
[2] en stor sjæl

16

Om
asatomah sat gamayah
tamasomah jyotir gamayah
mrityormah amritam gamayah
Om shanti shanti shanti

Led os fra usandhed til sandhed,
Fra mørke til lys,
Fra død til uddødelighed.
Om fred, fred, fred.

Om
lokah samastah sukhino bhavantu
lokah samastah sukhino bhavantu
lokah samastah sukhino bhavantu
Om shanti shanti shanti

Må alle skabninger i alle verdener
blive lykkelige
Om shanti, shanti, shanti

Et liv i harmoni

En tale af
Sri Mata Amritandamayi
Ved topmødet for verdensfreden 2000
mellem religiøse og spirituelle ledere,
afholdt af
De Forenede Nationers Generalforsamling
29. august 2000
Religionens rolle i konfliktløsning.

Vær hilset alle som er forsamlede her, I som i sandhed er legemliggørelsen af kærligheden og det højeste selv.

Vi er trådt ind i det nye årtusind med håbefulde forventninger om forandringer. Men selvom årstallet for det nye år er et andet, har intet væsentligt forandret sig. Den virkelige forandring må ske inden i os selv. For først når negativitet og konflikt er fjernet indefra, kan vi spille en virkelig konstruktiv fredsskabende rolle. Og netop fordi fred er det mål vi alle stræber efter, fortjener FN stor anerkendelse for sine uvurderlige bestræbelser på at føre nationerne sammen og derved skabe fred og harmoni. Amma bøjer sig i ærbødighed for den inspirerende og ærligt mente indsats De forenede Nationer har gjort.

Talløse årtusinder er gået siden menneskehedens begyndelse. Det har været en lang rejse i søgen efter fred, velstand og lykke. Vi har gjort ganske betydelige fremskridt. Det er op til hver enkelt af os at gøre det ny årtusind rigere og mere meningsfuldt end de foregående. Vort mål bør være ikke blot en blomstrende og rig verden, men en verden kendetegnet af fred, samarbejde, enhed og medfølelse med alle levende væsner. Der er i verden også et behov for at gøre fremskridt kulturelt, moralsk og spirituelt.

I dag findes der hundredvis af trosretninger og nationer. Selve ordene "nation" og "religion" har en tendens til at implicere adskillelse og forskellighed. Hver nation og tro har sine egne særpræg, ideologier og interesser. Denne forskellighed kan forekomme at være en hindring for at skabe fred, lykke og velstand. Men i virkeligheden er det denne forskellighed som bringer fylde og skønhed ind i verden og i menneskelivet – lige som en buket, sammensat af et udvalg af forskellige blomster, er smukkere end en buket af ens blomster.

Ingen kan benægte verdens sammensathed, for det er selve dens natur. Når vi når en dybere forståelse og favner de ædleste menneskelige værdier i vort liv, vil vi indse at verdens skønhed ligger i selve denne forskelligartethed.

I tidernes løb har vi draget lære af en mangfoldighed af erfaringer, men vi har også fejlet på mange områder. Alene i det sidste århundrede oplevede vi to verdenskrige, hvor millioner af mænd, kvinder og børn mistede livet. For nylig har vi været vidne til lignende forfærdelige tragedier. Muligheden for atomkrig er fremdeles en trussel for verden. Spredningen af terrorisme vækker global bekymring. Religiøs og etnisk forfølgelse plager fremdeles menneskeheden. Og en vigtig årsag til bekymring er den voksende voldelighed blandt vore unge, narkotika misbrug m.m.

Utallige mennesker dør hver dag af unødig vold i vore byer. Desuden bliver vi nødt til at gøre noget ved: sult, fattigdom, sygdom, miljø-forurening og den overdrevne udnyttelse af naturen.

Vi lever i en æra, hvor videnskab og moderne kommunikation har gjort verden til et lille samfund, nu hvor tid og sted ikke er en forhindring længere. Nu til dags kan et menneske nå omkring jorden på samme tid som det tidligere tog at rejse inden for hans eller hendes hjemstat eller provins. Den seneste udvikling inden for telekommunikation holder os uophørligt underrettet om hvad der foregår på den anden side af kloden. Begivenheder i en del af kloden påvirker hele planeten i større

og mindre grad. Men selv om verden er ryk-
ket tættere sammen på grund af teknologi, er
vi ikke rykket tættere sammen i vore hjerter.
Mennesker synes faktisk at være mere og
mere splittede indbyrdes. For eksempel lever
mennesker, som fysisk lever tæt sammen i en
familie, alligevel ofte som isolerede øer. Den
viden vi mennesker har opnået, har også gjort
os mere isolerede og egoistiske. Og dermed har
vi spiren til konflikt.

Samfund og nationer består af individer.
Når vi ser tilbage i historien, kan vi se at alle
konflikter stammer fra en konflikt inde i det
enkelte individ.

Og hvad er kilden til denne indre konflikt?
Det er mangel på bevidsthed om vores sande
natur, den eneste levende kraft i os, af hvilken
vi alle er en del. Spiritualitetens, den sande
religions opgave er at vække denne bevidsthed
og hjælpe os med at udvikle sådanne egen-
skaber som kærlighed, indføling, tolerance,
tålmodighed og ydmyghed.

Der er én sandhed som stråler igennem
alt det skabte. Floder og bjerge, planter og dyr,
solen, månen og stjernerne, du og jeg – alle er

vi udtryk for denne ene virkelighed. Mange
som har realiseret denne sandhed gennem
deres egen erfaring, har levet på denne jord,
og mange vil komme. Moderne videnskab er
også ved at trænge igennem til denne samme
sandhed.

Hvis verdensfreden skal blive til virke-
lighed, må fred og harmoni først fylde hvert
eneste enkeltmenneskes hjerte. Kærlighed og
ydmyghed må vækkes i os. Kærlighed og enhed
er ikke fremmede for den menneskelige natur
– de er de mest fundamentale instinkter, selve
fundamentet for vores eksistens.

Verden er èn familie

Verden er én familie, som vi alle er med-
lemmer af. Fred og samdrægtighed hersker
i en familie, når alle de enkelte medlemmer
udfører deres pligter og ansvar i bevidstheden
om at ethvert medlem er en uløselig del af et
hele. Kun når vi arbejder sammen som én stor
global familie, og ikke kun som medlemmer
af en bestemt race, religion eller nation, vil
freden atter herske på denne jord.

Når jeg rejser rundt i verden, kommer utallige mennesker til mig og deler deres sorger med mig. De er hinduer, kristne, muslimer – mænd og kvinder af alle religioner og nationaliteter. Nogle fortæller mig at en mand, kvinde elleret barn er blevet dræbt i et religiøst sammenstød. Nogle gange er det en konflikt mellem kristne og muslimer, undertiden mellem hinduer og muslimer, og andre gange mellem kristne og hinduer. Eller det kan være mellem helt andre religiøse grupper eller racer eller lande.

Når jeg hører det, føler jeg en dyb smerte. Sammenstød som disse opstår fordi mennesker ikke finder det dybeste i deres egen religion. De har ikke forstået de grundlæggende principper i deres egen religion.

Der var engang to lande på hver sin side af en sø. Disse to lande var kendt for at være fjender. En dag rejste en storm sig og en båd kæntrede. En mand svømmede for sit liv, da han så en anden mand i færd med at drukne. Han kom til hjælp og det lykkedes ham at redde ham. Da de nåede bredden, var de begge så lettede at de omfavnede hinanden og begyndte at tale sammen. Inden længe opdagede de imidlertid at de tilhørte hver sit fjendtlige land, og øjeblikkeligt begyndte hadet at blusse op i dem. Den ene, som havde reddet den andens liv, råbte: "Hvis jeg havde vidst at du var min fjende, ville jeg have ladet dig drukne!" Da denne mand endnu ikke kendte den andens nationalitet, kendte han kun den menneskelighed de havde til fælles. Han følte instinktivt broderskab og medfølelse i en sådan grad at han risikerede sit liv for at redde den anden. Et øjeblik var han først og fremmest et menneske med de dybe, anstændige menneskelige værdier. De andre bånd til hans kultur var underordnede. Vi er alle først og fremmest mennesker, mennesker af den samme globale familie. Først derefter bliver vi medlemmer af en religion eller et land. Vore bånd til en religion, et samfund eller land må under ingen omstændigheder få os til at glemme vore basale menneskelig værdier.

Ingen er en øde ø, vi er alle led i livets lange kæde. Enhver af vore handlinger, bevidste eller ubevidste, har en virkning på andre. Vibrationer af sorg og glæde, såvel som gode og onde tanker fra enhver levende skabning, gennemtrænger hele dette univers og influerer hver eneste af os. Hele dette kosmos eksisterer i en tilstand af gensidig afhængighed og støtte. At leve i overensstemmelse med dette princip om universel harmoni kaldes dharma. Hvert eneste levende væsens smerte i denne verden er vores egen smerte, og hvert eneste væsens lykke er vor egen lykke. Vi kan ikke skade så meget som en myre uden at skade os selv. Når vi skader andre, skader vi os selv, og når vi hjælper andre, hjælper vi os selv.

En mand sidder med et stearinlys om natten foran sit hus. Et vindstød puster lyset ud. Først nu ser hans øjne den smilende fuldmåne i al sin skønhed og den kølige måne-nat. Intet vindstød kan slukke måneskinnet. På samme måde vil den lyksalighed vi opnår til gengæld for at opgive vor selviskhed, være stor og evig.

Vi bør stræbe efter at nå en tilstand hvor vi er i stand til at se alle skabninger i denne verden, både besjælede og ubesjælede, som en del af vores eget selv. Ligesom den højre hånd hjælper den venstre hånd, når den er såret, således bør vor evne til at føle alle væseners lidelse som vor egen, og en intens længsel efter at trøste dem vågne i os.

Mennesker er forskellige af natur og temperament. Deres ideer og begær er ikke altid ens, men ofte i modstrid. Men vi har kun én jord at leve på alle sammen, så vi bliver nødt til at løse vore konflikter her og nu. I dag er vi i stand til at tilintetgøre denne blå plet kaldet jorden som pryder Moder Univers' pande. Men vi er også i stand til at skabe himlen på jorden. Menneskehedens fremtid afhænger af det valg vi træffer.

At tage udgangspunkt i religionernes essens

Alle religioners mål er ét og det samme – renselse af det menneskelige sind. At overvinde vores selviskhed, at elske og tjene vores medskabninger, at stige op til det universelle bevidsthedsniveau – disse mål er fælles for alle religioner. Det centrale i alle religioners kerne er at fostre disse menneskelige værdier og at vække den medfødte guddommelighed i mennesker.

Skønt religionsstifterne alle har realiseret og praktiseret disse ædle idealer i deres liv, så har deres tilhængere ofte ikke kunnet leve op til dem. I stedet for at fokusere på religionens essens: principperne om kærlighed og medfølelse, så fokuserer vi på ydre ritualer og traditioner, som varierer fra religion til religion. Således er disse religioner, som oprindeligt var bestemt til at fostre fred og enhed blandt os, i stedet blevet årsag til krig og konflikt. Hvis vi er villige til at forblive tro mod religionernes væsentlige principper, uden at være alt for fikserede på deres ydre træk og overfladiske aspekter, så vil religion kunne blive en vej til verdensfred. Dette underkender ikke betydningen af religiøse discipliner og traditioner, de har så sandt deres egen betydning. De er nødvendige for vores spirituelle udvikling. Men vi bør huske at disse traditioner er midlet til målet, ikke målet selv.

Lad os forestille os at en person skal over en flod i en båd. Når han er kommet over, må den rejsende forlade båden og gå videre. Hvis han insisterer på at klamre sig til båden, vil hans fremskridt blive hæmmet. På samme måde skal vi lægge større vægt på religionens mål og ikke være for knyttet til midlerne. Religiøse ledere skal fremhæve deres religions indre essens og indtrængende opfordre mennesker til at praktisere dens idealer. Dette vil hjælpe til at løse konflikter. Vi skal huske at religion er til for menneskehedens skyld og ikke menneskeheden for religionens.

Mange religiøse ritualer tilfredsstiller behov fra den tid hvor de opstod. Vi bør, når vi behandler den moderne tids problemer, være villige til at tage disse praksis' op til fornyet vurdering og foretage ændringer i overensstemmelse med de tider vi lever i nu. Ingen religiøs leder eller hellig mand eller kvinde har nogensinde sagt at kærlighed og tolerance kun skal udvises overfor troende inden for ens egen religion. De er universelle værdier. Hvad verden af i dag har brug for, er ikke religiøs propaganda, men at vi koncentrerer os om at hjælpe mennesker til at nå ind til det væsentlige i deres religion.

En ny tid med harmoni
mellem religionerne

Målestokken for en kulturs ædelhed er den tolerance og rummelighed den udviser ved at acceptere også divergerende grupper. Det bør vi lægge os på sinde når vi giver os i kast med vor tids problemer i bestræbelsen på at rumme alle de forskellige polariteter. Lad os se bort fra fortidens fejltagelser og nederlag. I en æra med globalt samarbejde bør alle religiøse grupperinger være villige til at reagere på vor tids behov. Lad os opgive forældede voldelige midler og byde en ny æra af kammeratskab og samarbejde velkommen.

At opdage konfliktområder

Ledere af verdens forskellige religioner bør deltage i oprigtige og åbenhjertige indbyrdes samtaler ud fra en forståelse for hvad der er religionens væsentlige mål. Derigennem reducerer vi vore misforståelser og får indsigt i de vigtigste konfliktområder. For at løse de komplekse og kontroversielle temaer såsom religiøs frihed, omvendelse og fanatisme, må

31

de religiøse ledere samles til en dialog med åbne hjerter for at nå praktiske løsninger der er acceptable for alle parter.

Men for at sådanne samtaler skal bære frugt, må vi først så kærlighedens, fredens og tålmodighedens frø i os selv. Kun de som oplever sand indre fred, kan give denne fred til andre. Før vi opgiver vort eget had og vor egen fjendtlighed, vil alle vore forsøg på at nå varig fred være dømt til at slå fejl, fordi vore forsøg vil være farvet af personlige sym- og antipatier.

Lederne af tre religioner – A,B og C – besluttede engang at forsamles for at skabe fred. Gud var så glad for deres initiativ at han sendte en engel ned til dem under mødet. Engelen spurgte lederne hvad de ønskede sig. Lederen af religion A sagde: "Religion B er ansvarlig for alle problemerne. Så udslet dem fra jordens overflade!" Lederen af religion B sagde: "Religion A er skyld i alle vore problemer. Reducer dem til aske!" Nu var englen skuffet og henvendte sig forventningsfuldt til lederen af religion C. C's leder sagde med højtidelig ydmyghed: "Jeg ønsker intet for mig

En tale holdt af Sri Mata Amritanandamayi

selv. Det er alt nok, hvis Du opfylder mine to kollegers ønsker!"

Denne historie er en parodi på vor tids bestræbelser for fred. Selvom folk smiler til hinanden, så koger de indvendig af had og mistillid. Fred er afgørende for os alle.

Fred er ikke bare fravær af krig og konflikt; det er langt mere. Det er en ånd af samklang inde i os selv. Fred skal skabes i det enkelte individ, i familien og i samfundet. Blot at køre verdens atomvåben på museum bringer ikke af sig selv fred i verden. Først skal sindets atomvåben afskaffes. Det er religionens rolle.

At skabe tolerance og at hele sår fra konflikter

Det er en civilisations adelsmærke fordomsfrit at acceptere forskellige synspunkter og forskellige slags mennesker. Vi bør være i stand til med denne holdning at gå i lag med alle problemer og at acceptere enhver uoverensstemmelse som måtte opstå. Ved at glemme fortidens nederlag og fejl bør vor tids religiøse ledere være et eksempel for verden,

33

når det gælder tolerance, indbyrdes forståelse og samarbejde. Hvad verden trænger til mere end noget andet, er levende forbilleder.

Religiøse ledere skal tage føringen når det gælder at løse religiøse konflikter og at skabe fred i deres respektive indflydelsessfærer. Disse ledere bør også være villige til at spille en konstruktiv rolle ved at yde trøst og nødvendig hjælp til ofre for undertrykkelse.

I vore dages civiliserede, globale verdenssamfund bør religiøse interesser ikke propageres med unfair midler. Religionens historiske formål er ikke at bygge mure i samfundet, men at forene mennesker i universel kærlighed.

Religionsfrihed

Nu er tiden kommet til at byde en ny tid af fred og venskab velkommen, en tid som hæver sig over mistillid og vold. Den civiliserede verden har accepteret ethvert menneskes ret til at følge og praktisere den tro han eller hun har valgt. Der er religiøse flertal og mindretal overalt på jorden. Spirituelle ledere skal opfordre til ligeret for alle religioner. Vi skal bestræbe os på at sikre at der værnes om religiøse og etniske mindretals basale rettigheder.

Omvendelsens problem

Retten til at dele ens religions lære med andre accepteres normalt som en del af den religiøse frihed. Men konflikter opstår når forskellige religiøse grupper kappes om at sprede deres religion, og når de prøver at omvende andre. I dag går mange familier og samfund i stykker på grund af sådan en konflikt. Som følge heraf bør de religiøse ledere sætte sig sammen og formulere retningslinjer der er acceptable for alle trosretninger.

Alle store religioner har en uendelig visdom og skønhed at tilbyde. Vi bør skabe muligheder for mennesker overalt, især for unge mennesker, til at lære ikke blot om deres egen religion, men også om andre religioner, og derigennem lære at påskønne disses ædle idealer. I stedet for at forøge antallet af tilhængere, skal religioner skabe et miljø hvor man klogt accepterer enhver religions ædle idealer. Lad os hæve os over religiøs omvendelse og arbejde på at fjerne snæverhed og skel.

Der er et mantra i Sanatana Dharma[3] som siger: "Lad os modtage ædle tanker og idealer alle steder fra." Lad dette være religionernes motto for det nye årtusind.

Ekstremisme

Fanatisme og den terrorisme den skaber, er to af de mest alvorlige problemer den moderne verden står overfor. Religiøs ekstremisme opstår af en dårlig forståelse af religionens basale mål og af udnyttelsen af religiøse følelser. Religiøse ledere bør råde fra aktiviteter der truer menneskelige værdier og bør skabe en bevidst bevægelse mod disse beklagelige handlinger.

Indre transformation - nøglen til sand fred

Nøglen til verdensfreden ligger gemt i hvert eneste menneske på denne planet. Lige som hvert medlem af en husstand deler ansvaret for beskyttelsen af hjemmet, er vi alle fælles om ansvaret for verdensfreden. Kærlighed og

---

[3] populært kaldet hinduismen

fællesskab er ikke fremmede for den menne-
skelige natur, de udgør selve fundamentet for
den menneskelige eksistens.

Vore materielle behov såsom mad, tøj,
tag over hovedet og sundhedsvæsen, skal til-
godeses, men det er ikke nok. Vi må gå meget
dybere. Vi skal stræbe efter varig fred og lykke
i vores liv og i verden som helhed.

Religion er sindets videnskab. Den giver
indsigt i sindets natur. I dag er vi i stand til
at air-conditionere den ydre verden, men vi
har stadig til gode at lære at air-conditionere
sindet. Vi prøver at klone mennesker, men vi
gør intet forsøg på inden i os selv at skabe et
fuldkomment, kærligt og fredeligt menneske.
En vigtig del af religionen er denne renselses-
process.

I dag erkender vi behovet for at beskytte
miljøet, og det er selvfølgelig vigtigt. Og dog er
vi sjældent opmærksomme på den forurening
som negative tanker og handlinger skaber i
atmosfæren og i menneskehedens bevidsthed.
Sindets indre forurening er på mange måder
mere dødbringende end kemisk forurening, for
den har magt til at tilintetgøre menneskeheden

når som helst. Derfor har vi brug for at rense vores mentale miljø.

En varig og positiv transformation af samfundet kan skabes blot ved at vi arbejder med vores sind. Efter at vi har fjernet urenheder som egoisme, jalousi, had og vrede inde fra, vil religionen tænde kærlighedens lys i menneskehedens hjerte. Det er en religions pligt at pålægge mennesker at føre et liv på det godes præmisser, at forme deres karakter, fylde deres sind med kærlighed og omsorg for deres medskabninger.

Spirituelle principper i inden for uddannelse

Verden af i morgen vil blive skabt af børnene af i dag. Deres åbne sind er modtagelige for universelle menneskelige værdier, og endnu så lette at forme. Når man går igennem en mark med blødt, grønt græs et par gange, vil man hurtigt lave en sti. Men det tager uendelig mange forsøg at skabe et spor på en stenet skrænt. Indlæringen af universelle spirituelle principper og menneskelige værdier bør være en norm i almindelig opdragelse og ikke bare være familiens ansvar. Dette må ikke udsættes længere, for hvis det udsættes, vil fremtidens generationer være tabt for verden.

Et problem der vækker stor bekymring i dag er de utallige unge, som føler sig uelskede, fremmedgjorte og frustrerede. De bliver opdraget i et samfund som lærer dem at tænke: "Hvad kan jeg få?" frem for "Hvad kan jeg give verden?" De lærer gennem medierne at vold er en helt legitim måde at standse en hvilken som helst konflikt på. I mangel af rigtig vejledning og menneskelige identifikationsmodeller tager mange unge stoffer for at undgå livets udfordringer. Det ødelægger deres unge sind. Det er som en orm der gnaver i en frisk blomsterknop. Lad os appellere til medierne og uddannelsesinstitutionerne om at de – ved at bruge deres indflydelse – vil hjælpe til med at transformere de vildledte unge i dagens samfund til venlige, positive, fredselskende mennesker.

Økonomisk ulighed

Vi må ikke tabe menneskers basale behov af syne, for indtil disse behov er dækket er det umuligt for noget menneske at aspirere til højere tilstande af bevidsthed og forståelse. At mennesker i tusindvis dør af sult eller lider i fattigdom, er en skamplet på alle nationer.

Med udgangspunkt i det religiøse ideal om universel beslægtethed bør alle nationer og enkeltpersoner, som er i stand til det, dele deres materielle rigdom og resourcer. Der er nok på denne jord til at alle kan overleve, men der er ikke nok til at tilfredsstille grådigheden hos nogle få.

Religiøse ledere, sammen med individuelle nationer, herskere og NGOére bør spille en rolle i at opløfte de undertrykte. Medfølelse med vore medmennesker er spiritualitetens første skridt. Gud er ikke begrænset til et bestemt sted, men er i alt. Gud er i alle væsener, både besjælede og ubesjælede. Gud skal også dyrkes i de fattige og syge. Guds væsen er ren medfølelse. At række en forsømt sjæl en hjælpende hånd, at give den sultne mad, at sende den sørgmodige og fortvivlede et smil, det er religionens sande sprog. Vi skal påkalde Guds medfølelse i vore egne hjerter og hænder. Først da vil vi opleve dyb glæde og fuldbyrdelse i livet. At leve bare for sin egen skyld er ikke livet – det er døden.

Nationernes pligt

Denne verden er som en blomst. Hver nation er et kronblad i denne blomst. Hvis et kronblad bliver angrebet af lus, vil det meget snart ramme alle de andre kronblade, og blomstens liv og skønhed er ødelagt. I erkendelsen af denne sandhed bør verdens nationer være villige til at lægge fundamentet til en ny gylden tidsalder med samarbejde og sameksistens. Det er ikke kun det enkelte menneske som skal udvise egenskaber som kærlighed, medfølelse og generøsitet, det bør blive enhver nations adelsmærke og sjælen i samfundet.

Vi er vokset fra den mørke middelalder, hvor man anså krig og kolonialisering for enhver herskers pligt. Alle nationer og især organisationer som FN står frem og beskytter menneskerettighederne og taler imod undertrykkelse og terrorregimer i alle lande. Lad de Forenede Nationer udvide deres aktiviteter til også at omfatte højere lag af den menneskelige bevidsthed. Harmoni mellem nationer er kun mulig, hvis individerne skifter til et højere bevidsthedsniveau. Ihukommende dette bør de Forenede Nationer opfordre til spredning af den spirituelle kultur og til at give de menneskelige værdier højeste prioritet.

Ingen indsats er forgæves.

Der er dem der siger at verden vil forblive den samme, lige meget hvor meget vi prøver at forandre den.

Deres argument er: at det at kæmpe for verdensfreden svarer til at prøve at rette en grisehale ud. Lige meget hvor meget vi prøver at rette den ud, så snart vi giver slip, krøller halen sammen igen. Men vi bliver stærkere af den umage vi gør os, selvom halen bliver ved at krølle. Og det er lige sådan med os. Hvad enten det lykkes os at rette halen ud eller ej, om vi skaber verdensfred eller ej, vi selv bliver bedre af disse vore anstrengelser. Selvom der ikke er nogen synlig forandring, så vil forandringen i os i sidste instans forandre verden. Og desuden: hvad vi end finder af harmoni i verden i dag, så skyldes den jo netop disse anstrengelser.

Det er nytteløst at gruble over fortiden. Fortiden er som en annulleret check – den er ikke længere gyldig. For at skabe en positiv fremtid, uanset al den smerte og ødelæggelse som fortiden gemmer, må vi være villige til at tilgive. Dette er fundamentalt i alle religioner. Vi skal lære af fortiden, ellers gentager vi vore fejltagelser. Når vi har fået en torn i foden, bliver vore skridt forsigtige. Denne årvågenhed redder os fra at falde i en dyb grav længere fremme. Vi skal forstå vore smertefulde erfaringer fra fortiden i dette lys. De som har gjort andre fortræd skal nu engagere sig i arbejdet for at oprejse ofrene fra deres tidligere undertrykkelse. Disse principper gælder regeringer såvel som enkeltmennesker. Enhver nation bør skabe en atmosfære af tilgivelse, åbenhed, venskab, tillid, hjælp og støtte, for at hele gamle sår. Brudte venskabsforhold bør sys med kærlighedens tråd. For at det skal lykkes, er det vigtigere at være bevidste om vores énhed end at forholde os intellektuelt til problemerne.

De nationer og religioner som har kæmpet mod hinanden i fortiden, bør træde frem og skabe en atmosfære af goodwill, tillid og gensidig støtte. De nationer som har invaderet eller udnyttet andre nationer og religioner i fortiden, bør give de nationer der var ofre for denne fremfærd deres hjælp. Hvis tilliden skal vokse, må der opstå en atmosfære af venskab og samarbejde.

Der er brug for handling langt mere end for ord. Et sultende menneskes sult bliver ikke mindre af at vi skriver: "Man skal give de sultende mad." Lad os fokusere på hvad vi kan give andre - ikke på hvad vi selv kan få. Først da vil vi opleve en total transformation i vores globale familie.

I det følgende er nævnt nogle universelt anerkendte problemområder, hvor FN bør intensivere sin indsats:

ॐ I Guds skaberværk er mænd og kvinder ligeværdige. Men op igennem århundrederne er kvindernes triste situation ikke blevet forbedret nævneværdigt. Kvinderne, som føder menneskeheden, skal sikres ligestilling i samfundet.

ॐ Millioner af mennesker lider af AIDS, og HIV spreder sig fortsat som en steppebrand. Denne sygdom skal bringes under kontrol.

ॐ FN skal stræbe efter at sikre religiøs frihed, opfordre til spirituel praksis og sprede menneskelige værdier, med det overordnede mål for øje at skabe storsindede mennesker og at løse konflikter.

ॐ Lad FN være førende i forvandlingen af en konfliktfyldt verden til en verden i fred ved at uddanne en gruppe unge til at gøre verdenssamfunds tjeneste. Disse unge udsendinge, som skal gøre uselvisk tjeneste rundt om i verden, vil inspirere mennesker til at respektere universelle menneskelige værdier. Hvad ikke kan opnås ved blodsudgydelser, kan opnås med kærlighed.

ॐ Terrorisme og vold mod mennesker i en hvilken som helst religions navn skal fordømmes på internationalt plan, og passende forholdsregler skal sættes i værk.

ॐ Overdreven udnyttelse af naturen skal standses. Vi har brug for helt nye holdninger og for at anlægge en langtrækkende politik som respekterer og tager hensyn til kommende generationers behov og forhåbninger. Vi har lov til at tage fra naturen hvad vi har brug for, men hvis vi grådigt plyndrer løs, er selve vores eksistens truet.

Materielle fremskridt alene vil ikke skabe fred og fremgang i verden. Det vi har brug for nu, er et fremskridt der indbefatter alle livets områder. På græsrodsplan vil fremskridt og ekspansion kun opstå som et resultat af en kærlighed og en pligtfølelse over for vore medskabninger, der har rod i et spirituelt livssyn. Denne ekspansion og dette fremskridt bør ske i det enkelte menneskes liv så vel som i samfundet som helhed. Den tidsalder vi lige har lagt bag os, er videnskabens tidsalder. Nu er tiden kommet til at byde en ny tid velkommen: kærlighedens og spiritualitetens tidsalder.

Det er muligt at realisere menneskehedens iboende samhørighed mens vi stadig tilhører forskellige religioner, samfund, racer, kulturer og nationer – ja, det er faktisk meningen at vi skal gøre det. For hvis vi integrerer de dybeste religiøse idealer fra forskellige religioner i vores eget liv, så bliver vi helt naturligt mere rummelige, og der vækkes i os bevidstheden om den ene, store, samme guddommelige virkelighed som stråler i alle skabninger. Selviskhed vil forsvinde, og vore

liv vil blive en gave til verden. I den tilstand af
uselviskhed vil lyksalighed opfylde vore hjerter
og strømme ud til at alle væsner.

Til syvende og sidst er kærlighed den eneste
medicin som kan hele verdens sår. I dette uni-
vers er det kærligheden som binder alt sammen.
Kærlighed er selve livets grundlag, skønhed og
fuldbyrdelse. Hvis vi går dybt nok i os selv, så
vil vi se at denne ene tråd af universel kærlig-
hed knytter alle væsner sammen. Som denne
bevidsthed langsomt åbenbares for os, vil al
disharmoni vige. Der vil kun være varig fred.

Må lys og kærlighed og fred lyse i vore hjer-
ter. Lad os alle hver især med oplyste hjerter
blive budbringere af universel fred.

Lad således freden triumfere overalt og
jage det mørke af had og konflikt på flugt, som
har kastet en skygge over vor verden i dag.

Lad os vågne op til en ny morgendag, op-
fyldte af universel kærlighed, som slægtninge
i en kærlig familie. Dette er de Forenede Na-
tioners drøm og mål. Må Paramatman – den
Højeste Magt – lade sin nåde strømme ned
over os, så bliver vi i stand til at gøre denne
ædle bøn til virkelighed.

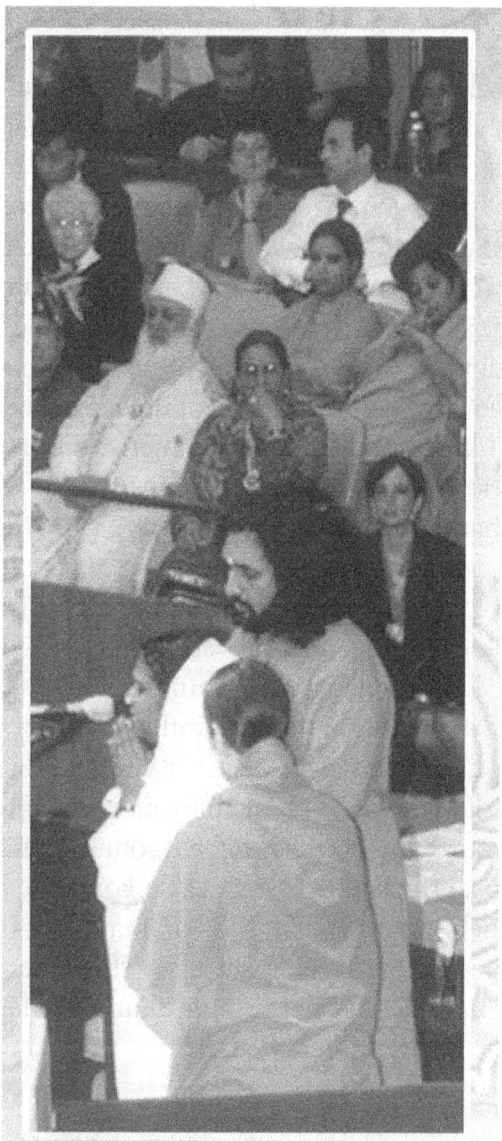

www.ingramcontent.com/pod-product-compliance
Lightning Source LLC
Chambersburg PA
CBHW070636050426
42450CB00011B/3227